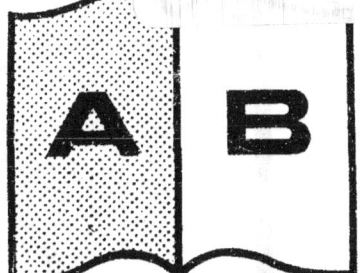

Illisibilité partielle

Contraste insuffisant
NF Z 43-120-14

Valable pour tout ou partie
du document reproduit

Couvertures supérieure et inférieure manquantes

ÉPISODES
DE L'HISTOIRE DU XVᴱ SIÈCLE

AUX PAYS SÉNONAIS ET GÂTINAIS
ET AU COMTÉ DE JOIGNY,
TIRÉS DES ARCHIVES DU DÉPARTEMENT DE L'YONNE

PAR M. QUANTIN,
VICE-PRÉSIDENT HONORAIRE DE LA SOCIÉTÉ DES SCIENCES DE L'YONNE.

I

Je ne viens pas raconter ici l'histoire de France pendant ces temps de troubles et de malheurs où la lutte des maisons d'Orléans et de Bourgogne attira de nouveau les Anglais au cœur du pays, lutte qui finit par leur expulsion sous Charles VII, grâce à l'intervention de Jeanne d'Arc; ni la ligue du Bien public contre Louis XI et la destruction de la maison de Bourgogne, qui amena l'établissement de l'autorité royale dans toute sa plénitude.

Mais, au-dessous de ces grands événements, je voudrais essayer de peindre l'état contemporain d'une contrée placée dans le bassin de la basse Yonne, c'est-à-dire du Sénonais, du comté de Joigny et d'une partie du Gâtinais, pays voisin. Ce n'est pas du rôle politique et militaire de la noblesse guerrière qu'il s'agira, mais de la vie du pauvre peuple des campagnes et des habitants d'une simple cité.

Les deux partis qui désolent la France sont aux mains, et nos contrées sont livrées aux déprédations. L'assassinat du duc Jean de Bourgogne sur le pont de Montereau, représailles du meurtre de la rue Barbette, n'a fait qu'élargir la plaie ouverte au cœur de la France, et les Anglais deviennent les maîtres d'une partie du pays. A compter de 1417, la guerre commence dans le bassin de la Seine et de l'Yonne. Après plusieurs tentatives de la part des Anglo-Bourguignons, la ville de Sens, défendue par le sire de

Guitry, bailli royal, est obligée de se rendre, après douze jours de siége, le 8 juin 1420. Elle voit quelques jours après entrer dans ses murs les rois et les reines de France et d'Angleterre et le duc de Bourgogne [1]. Les capitaines royalistes expulsés de cette ville se jetèrent dans Dollot et dans Dyant, deux petites places du Gâtinais français, qu'ils fortifièrent, ainsi que plusieurs églises des environs de Sens; de là, ils faisaient des courses et tenaient les ennemis en échec.

Les années suivantes, le sire de Warvick et Filbert de Meulan, maître de l'artillerie royale, convoquèrent à Sens les députés des villes de Troyes, Auxerre, Saint-Florentin, Villeneuve-le-Roi, Joigny et autres, pour dresser un rôle d'impôts destinés à payer des troupes qui allaient entreprendre le siége de Dollot [2]. Ce château, entouré d'eau vive, était d'une attaque difficile. Il tomba cependant par composition au pouvoir de Warvick, au bout de sept jours (avril 1426). Le château de Valery eut ensuite le même sort. Le fort de Thorigny, surpris au mois d'août 1425 par le capitaine royaliste gascon Bertrand Marcel, fut cédé bientôt après au bailli de Sens, moyennant mille écus d'or et dix marcs d'argent [3].

Mais les capitaines français qui occupaient Montargis et Nemours tenaient en échec les Anglais, maîtres de Sens. Warvick résolut de les déloger de la première de ces villes, et il en fit le siége (1427). Le sire de Guitry, rude compagnon qui avait fort malmené les Sénonais pendant son gouvernement, La Trémouille et Lahire accoururent et forcèrent l'ennemi à lever le siége.

Au milieu de ces courses continuelles des bandes des deux partis, on peut se figurer l'état dans lequel se trouvait le plat pays. Jean Chartier résume en deux mots la situation : « Il y eut alors, dit-il, de grandes pilleries et ravages de toutes parts ès pays de France [4]. »

Hélas ! ce n'était que trop vrai, surtout pour les contrées comprises dans le bassin de la basse Yonne, à partir de Joigny jus-

---

[1] Voy. les pièces justificatives à la suite de ce mémoire, n° 1.
[2] Taveau, *Histoire de Sens.*
[3] Id. ibid.
[4] *Chron. de J. Chartier*, I, 116, éd. Vallet de Viriville.

qu'à Montereau et dans le Gâtinais, qui y touche du côté de l'ouest. Les chemins et les campagnes étaient infestés de brigands. L'archevêque de Sens, Louis de Melun, revenant d'accompagner le roi Charles VII jusqu'au delà de Troyes, lors de l'expédition dite *d'Allemagne*, en juillet 1444, fut détroussé aux portes mêmes de la ville de Sens, près du pont Bruant[1], par le routier Antoine de Verres, tellement qu'il rentra à Sens à pied avec sa suite, et complétement dépouillé[2].

Les comptes des recettes et dépenses du chapitre de Sens de cette époque nous racontent avec une terrible exactitude et en quelques mots laconiques la ruine des maisons, l'abandon des terres, la fuite des villageois; et le tableau s'applique à une vaste étendue de pays, car ce corps puissant avait de nombreuses seigneuries sur les bords de l'Yonne, de la Seine et de la Vanne.

De 1424 à 1428[3], les redevances des terres sont perdues : en regard de chaque article, on lit ces mots, *Nullus tenet*.

En 1429, et jusqu'en 1440, voici le tableau de la situation des villages soumis au chapitre[4].

A Soucy, à Rouvray, à Ferrottes, cens dus : pour la guerre, néant. — Des dîmes de Luistaines, de Blennes, d'Égriselles-les-Ferrières, d'Amilly, la Celle-en-Brie, Triguerre, Flagy, Dormelles, Ville-Saint-Jacques, Cannes, néant, pour la guerre.

Et, d'autre part, des terrages de Fouchères, Saint-Valérien, Soucy, Chigy, néant, pour la guerre.

A Véron, tout est ruiné, maisons, pressoirs et le reste.

A Thorigny, Serbonnes, la Chapelle-sur-Oreuse, Soucy, Malay-le-Vicomte, les terres, « nul ne les tient. »

A Gumery, à Jaulne, Villenaux, Montigny, Bazoche, Peugny, Misy, mêmes annotations; ainsi à Villemanoche, Pont-sur-Yonne, Évry, Gisy, etc.

Dans la ville de Sens même, rançonnée périodiquement par

---

[1] Le pont Bruant est situé à l'extrémité du faubourg Saint-Pregts.
[2] Voy. les pièces justificatives à la suite de ce mémoire, n° 3.
[3] Comptes de la cloîtrerie, office du chapitre de Sens, archives de l'Yonne.
[4] Tous les villages dont l'énumération va suivre sont placés dans les bassins de l'Yonne, de la Vanne et de la Seine au-dessous de Sens, et dans le Gâtinais.

H.

des levées d'impôts et par des réquisitions de toute nature, des maisons sont abandonnées, et notamment celles où étaient les grandes écoles.

Malgré l'expulsion des Anglais du bassin de l'Yonne et de la basse Seine, il y avait eu de telles dévastations les années précédentes par les bandes d'Écorcheurs, que le pays était demeuré désert.

En 1440, on lit dans un compte : « Dans les lieux de Saint-Martin-du-Tertre, Pont-sur-Yonne, Gron, Paron, Saint-Clément, on n'y labore point depuis la guerre[1]. » A Saint-Martin-sur-Oreuse, gros village de cinq cents habitants aujourd'hui, en 1443 « personne n'y demeure[2]. » Il se passa un temps bien long encore avant que la culture eût repris son cours régulier, et les vérificateurs d'un compte de 1440, désolés d'une situation si misérable, écrivent en marge de l'exposé négatif des recettes : « soit baillé à qui pourra[3]. »

Le chapitre eut recours alors à une mesure extraordinaire, et obtint du roi le droit de rentrer en possession des biens de ses seigneuries dont les détenteurs n'auraient pas réclamé la possession, après quatre proclamations faites dans les villages et les hameaux. Il put ensuite les donner à bail à telles personnes que bon lui semblerait[4].

Enfin l'organisation de l'armée régulière en 1445 rendit un peu de sécurité aux villes et aux campagnes, et nos pays respirèrent. La ville de Sens, qui avait eu tant à souffrir des guerres, donna, en 1444, l'hospitalité au roi Charles VII, qui faisait une expédition en Allemagne.

II

Lorsque Louis XI fut monté sur le trône (1461), les grands

---

[1] Compte de paneterie, chapitre de Sens.

[2] Compte de paneterie, chapitre de Sens, de 1443 à 1444, archives de l'Yonne.

[3] Compte de cloîtrerie, 1440.

[4] Lettres du roi, 1442-43, 5 janvier, archives de l'Yonne, bibliothèque de Sens.

seigneurs sentirent bientôt qu'ils avaient un maître, et ils cherchèrent à lui résister en formant la ligue dite du *bien public*. Au milieu de ces luttes incessantes, le chapitre cathédral sénonais, zélé partisan du roi, suivait avec anxiété les événements, et il faisait partager ses sentiments au peuple du pays. Des processions fréquentes et solennelles avaient lieu alors aux diverses églises, et le chapitre en a consigné le souvenir dans ses comptes.

Déjà, en 1453, le jour de Saint-Laurent, le chapitre avait fait une procession où furent publiées les lettres du roi annonçant la mort de Talbot; une autre, le jour de Saint-Martin d'hiver, pour remercier Dieu de la délivrance de Bordeaux [1].

M#g#r# de Berry, brouillé avec le roi, s'était enfui auprès du duc de Bretagne : « procession pour prier Dieu qu'il voulsist mectre union entre nostre sire le Roy et luy. » Deux autres processions ont lieu quelques semaines après, pour le même objet [2].

En février 1464, eut lieu une procession générale dans la cathédrale, suivie de grand' messe et de sermon, où fut lue et commentée la bulle du pape qui appelait les chrétiens à la guerre contre les Turcs. La même année, on fait neuf processions « pour la tranquillité du temps. »

Le premier mai 1465, procession aux Jacobins « pour prier Dieu pour la paix et l'union du roy et des seigneurs du sang royal [3]. » Neuf autres processions ont lieu successivement dans les mois de mai et de juin pour le même sujet. Le 14 juillet, « deux jours avant la bataille de Montlhéry, procession générale pour la paix de l'Église, du Roy et des seigneurs du sang royal. » Le 21 septembre, nouvelle procession générale aux Cordeliers. « pour prier Dieu qu'il voulsist mectre d'accord le Roy, nostre sire, et les seigneurs de France qui estoient devant Paris [4]. »

Quelles émotions devait causer aux populations l'aspect solennel du clergé innombrable de l'église métropolitaine, des abbayes et des paroisses de la ville, augmenté des corps constitués du bail-

---

[1] Comptes de la fabrique.
[2] *Ibid.* mai 1463 à mai 1465.
[3] *Ibid.* 1465-66.
[4] *Ibid.* 1465-66.

liage, du mairat et des officiers des diverses justices, lorsqu'au son des gros bourdons, croix et bannières en tête, la procession se déroulait lentement de la place de la cathédrale à l'abbaye Sainte-Colombe, cette patronne du pays sénonais, aux couvents des Cordeliers ou des Jacobins, ou au tombeau et à l'église de saint Savinien, premier évêque et martyr du pays, pour implorer l'intercession des saints auprès de Dieu, afin de conjurer les malheurs qui menaçaient encore la patrie!

Le peuple prenait là une part active aux événements politiques qui affectaient la France; il sentait qu'il y allait pour lui de la vie et de l'avenir.

Les années suivantes n'offrent plus ce grand nombre de processions ayant un but politique; les motifs qui les avaient nécessitées ayant cessé, l'usage se transforma, et les processions devinrent exclusivement des exercices pieux, jusqu'à ce que les guerres civiles du xvi° siècle ramenèrent de nouveau et plus énergiquement le peuple sur la scène.

III

Mais transportons-nous au village de Sepeaux, à trois lieues de Joigny, du côté du Gâtinais[1]. Ce pays a aussi été dévasté par le passage répété des bandes de gendarmes, lorsque les Anglais détenaient Montargis. Il devint désert et les habitants s'enfuirent dans les bois, où ils vécurent de fruits sauvages et du produit de leur chasse, et où ils périrent de misère.

La dépopulation y avait été, ainsi que dans les villages voisins, de jour en jour croissante, depuis les premières guerres du commencement du siècle[2], et, chose étrange, le désert fait par les hommes s'était peu à peu couvert de broussailles et de bois. Les bois s'étaient élevés et formaient de hautes futaies[3].

---

[1] Sepeaux, canton de Saint-Julien-du-Sault, arrondissement de Joigny (Yonne), a aujourd'hui une population de huit cents habitants, dont trois cents agglomérés.

[2] Toussaint Gadonet raconte que, du temps des guerres, il ne resta plus d'habitants dans les paroisses de Preux, Saint-Romain et Chevillon, voisines de Sepeaux. (Enquête sur les dîmes de Sépeaux, 1494, f° 48 v°.)

[3] Voy. les pièces justificatives à la suite de ce mémoire.

Enfin le ciel redevint clément pour le pauvre peuple, et, après le merveilleux passage de Jeanne d'Arc et les luttes persistantes des vaillants chefs de bandes de l'indolent Charles VII, vers le milieu du siècle, on vit reparaître dans notre pauvre petit village de Sepeaux quelques habitants. Mais ce ne sont plus les fils des anciens indigènes; toute cette race a disparu presque entièrement. Il s'opère alors un mouvement d'immigration étrange : il semble que le vide qui s'est fait appelle de toutes parts des éléments nouveaux pour le combler. Le pays est désert ; il y vient successivement des gens de tous les coins de la France occuper ce sol abandonné.

Les enquêtes qui nous fournissent le sujet de ce récit [1] font figurer dix-neuf ou vingt témoins, habitants de Sepeaux, originaires, l'un de Villarnoux (canton de Quarré, Yonne); les autres de Joigny, de Quarré, de Saint-Just (au diocèse de Troyes); de Moulins-Engilbert, de Varzy, d'Annay-sur-Loire, de l'Anjou, de la Touraine, de la Bretagne et du Limousin. Les premiers y arrivent en 1454, d'autres en 1460, 1464, d'autres enfin en 1475 et 1480. Quelques-uns y avaient été amenés, après la fin de la guerre, par Jean de Surienne, seigneur de Sepeaux.

Il faut entendre les vieillards parler de leurs souvenirs.

Jean Regnard, de la Celle-Saint-Cyr, raconte qu'il y a cinquante ans qu'il va à Sepeaux; c'est depuis 1444. Il n'y avait alors ni curé ni habitants. Aux alentours du village, les champs étaient incultes et la plaine, autrefois riche en cultures, était couverte de bois.

Vers 1450 paraissent les premiers habitants.

Ce sont Doard-Guerreau, Chatté et Guillot-Garnier. Le premier était seul originaire de Sepeaux, qu'il avait fui lors des guerres. Il y revint de Joigny avec sa famille. Ces trois individus commencèrent à cultiver la terre et à défricher peu à peu autour d'eux.

Un quatrième, nommé Bertin, arriva trois ans après. Il extrayait des pierres dans les bois et ne cultivait pas.

Quatre ans après l'installation des premiers colons, qui jusque-

---

[1] Enquêtes sur les dîmes pour le curé de Sepeaux, contre les chapelains de Saint-Thomas de la cathédrale de Sens, dressées par Robert Hémard, notaire apostolique, en 1494; archives du département, bibl. de Sens, G. 114 et 115.

là allaient à la messe à la Celle, paraît messire Gilbert Dardaine, nommé curé de Sepeaux. Il vient partager la misère de ses paroissiens, car la cure ne valait rien : il n'y avait pas plus de 30 arpents de terre cultivés[1]. Le curé levant la dîme au vingtième ne pouvait en vivre, et ses paroissiens cultivaient pour lui quelques terres. « Ipseque curatus et ipsi habitantes parum colebant et penurias ac indigencias multas paciebantur. » Le pauvre curé n'avait pas d'asile où reposer sa tête, et il logeait sous la tour de l'église[2].

Les terres cultivées s'étendaient le long du ruisseau et autour de l'église.

Pierre Colas, originaire de Quarré, mais qui habite Sepeaux depuis trente-trois ans, et est âgé de soixante et quinze ans, confirme les faits précédents. Aux premiers habitants viennent s'adjoindre J. Guerreau, Guillot-Garnier et lui-même ; deux autres quittèrent Sepeaux après quelques années de séjour. Il vint ensuite cinq ou six individus, de sorte qu'ils se trouvèrent au nombre de douze. Il a défriché trois arpents qui lui avaient été donnés en bois.

Jetant un regard sur le passé et remontant aux temps de sa jeunesse, le vieux Pierre Colas se souvient encore du traité d'Arras entre le roi Charles VII et le duc de Bourgogne. « De ce moment, dit-il, les guerres et les hostilités cessèrent dans le royaume de France, et ceux qui s'étaient enfuis revenaient avec sécurité dans leur pays. »

Depuis ce temps il n'y eut plus de guerres ou de courses d'ennemis dans le comté de Joigny et dans le Gâtinais, de manière à faire abandonner le pays, sinon que de temps à autre vagabondaient par le pays, gendarmes cherchant à vivre. Mais pendant trois ou quatre ans après la bataille de Montlhéry la garnison d'Auxerre[3] faisait de temps à autre des courses dans la vallée d'Aillant[4] ; toutefois le pays ne fut pas autrement dévasté ni aban-

---

[1] Déposition de J. Regnard. (Enquête de 1494, G. 114.)
[2] Déposition de Th. Billon. (*Ibid.*)
[3] Qui était au duc de Bourgogne.
[4] Contrée fertile arrosée par le ruisseau du Tholon, arrondissement de Joigny (Yonne).

donné[1]. Le roi avait saisi la ville et le comté de Joigny, dont le comte tenait le parti du duc de Bourgogne.

Depuis seize ans (1476), c'est-à-dire depuis la mort du duc Charles le Téméraire, le nombre des agriculteurs s'est accru à Sepeaux et les bois ont été défrichés à l'envi.

On voyait alors dans la campagne de gros arbres, ce qui donnait à croire qu'il y avait plus de cent ans que les terres n'avaient été cultivées, et que le bois avait poussé. Le père Bertin, qui est mort à cent ans, disait à Colas qu'avant les guerres, c'est-à-dire du temps de Charles VI, il y avait à Sepeaux 4,000 arpents de terres cultivées, ce qui lui paraît exagéré.

Cette opinion sur l'état du pays dans les temps anciens est partagée par Odin Colon, qui a entendu dire par la femme d'Éloi Bertier (qui mourut en 1489, à l'âge de cent ans), que dans sa jeunesse elle avait vu le lieu de Sepeaux en culture.

Pierre Garnier, autre laboureur, qui vint avec son père demeurer à Sepeaux, en 1471, raconte que les gens de Sens ont eu la guerre avec les gens de Joigny, et ceux de Joigny avec ceux de Cézy et réciproquement, mais il ignore sous quels chefs et combien de temps. Il ne sait rien non plus du traité d'Arras, ni du retour d'Allemagne, ni de la reprise de la Normandie, quoiqu'il ait entendu parler de ces choses-là, parce que cela ne le regardait pas.

Cette ignorance des faits et des causes des événements généraux se montre dans plusieurs dépositions de ces pauvres gens. Ils éprouvaient le contre-coup des événements sans en connaître les causes; mais ils souffraient.

Voici encore Guillaume Colas, qui demeure à Sepeaux depuis

---

[1] Pierre Moreau, vigneron à la Celle-Saint-Cyr, raconte à ce sujet que les courses de ces gendarmes rendaient le chemin de Sens à Sepeaux peu sûr. Son aïeul, Jean Moreau, qui était closier de M⁰ Pierre Surreau, de Sens, redoutant les mauvaises rencontres, apportait, de nuit, aux ouvriers qui travaillaient pour son maître leur salaire, lorsque, étant arrivé dans la vallée des Forges, il se heurta contre des cordes tendues au travers du chemin et qui mirent en branle des sonnettes. A ce bruit accoururent, devant et derrière lui, des voleurs qu'il ne put éviter qu'en se jetant dans les trous des ornières, où il ne fut pas découvert. (Enquête sur les dîmes de Sepeaux, 1494, G. 115, f° 60.)

trente-sept ans, et qui raconte que, quand il y vint (1458), il n'y avait que 20 arpents de terres en culture et nouvellement défrichés; le reste du territoire était couvert de forêts épaisses et qui avaient cent ans et plus [1]; mais à mesure qu'il arriva de nouveaux habitants, les bois furent arrachés. Les gros arbres qu'on voit dans les terres proviennent du temps des guerres entre les Anglais et les Français, qui ont duré dans ces contrées plus de quarante ans; ce qui fit que les habitants furent contraints de les abandonner. Il a entendu raconter au vieux Chatté qu'il avait toujours vu le pays de Sepeaux en ruines et désert. « Semper viderat ruinosam et nulli fuissent ausi ibidem residere. »

L'exploitation du minerai de fer, qui avait eu lieu anciennement à Sepeaux, avait cessé dans les guerres. Et cependant les témoins racontent y avoir vu jusqu'à trois forges, l'une au hameau de Bralon qu'on appelait en français une *forge à pié*, parce qu'elle n'était pas établie sur un cours d'eau.

Noble homme Pierre de Courtenay, écuyer, seigneur de la Ferté-Loupière [2], âgé de soixante-trois ans, l'un des membres de cette famille puissante issue du sang des rois de France, et dont les châteaux couvraient le sol du Gâtinais, a entendu dire à feu son père Jean de Courtenay, seigneur de Bléneau [3], et à d'autres, que les guerres commencèrent après la mort du duc d'Orléans, et qu'elles durèrent plus de cinquante ans. Le village de la Ferté fut, à cause de ces guerres, complétement dévasté et abandonné pendant plus de quarante ans. Les lieux de Sepeaux, de Précy, de Chevillon, de Sommecaise et beaucoup d'autres éprouvèrent le même sort, ainsi que presque tout le Gâtinais et le comté de Joigny.

Lorsqu'il revint pour la première fois à Bléneau, à la mort de son père, en 1461, il put voir de ses yeux ce misérable état de choses; et à la Ferté, notamment, il n'y avait que huit ménages [4].

Dans son jeune âge, lorsqu'il habitait Bléneau (vers 1440), il

[1] Le territoire de Sepeaux est aujourd'hui à peu près dépourvu de bois.
[2] Village du canton de Charny (Yonne).
[3] Chef-lieu de canton de l'arrondissement de Joigny (Yonne).
[4] Il y a aujourd'hui à la Ferté 420 habitants au village proprement dit.

n'y avait point de sécurité dans les campagnes. Les habitants de Bléneau étaient alors retirés dans le château, et il ne demeurait dans le village que les meuniers. Les laboureurs n'osaient pas aller à leur travail, et pour leur sûreté on avait placé un veilleur au point le plus élevé du château appelé *la guette*, lequel, lorsqu'il apercevait des gendarmes, sonnait le tocsin, et les laboureurs s'enfuyaient promptement dans la forêt ou en d'autres lieux, pour éviter d'être rançonnés par les routiers ou les Armagnacs. Lorsqu'il servait comme homme d'armes sous le capitaine Floquet, on résolut de débarrasser le royaume des pillards et mauvais garçons appelés *les routiers*. Floquet et d'autres capitaines du roi Charles VII les menèrent à l'expédition d'Allemagne et au siége de Nancy, après qu'on eût créé les compagnies d'ordonnance des gendarmes royaux, et que le reste des bandes eût été renvoyé de l'armée.

Après la paix d'Arras, les Anglais qui avaient quitté le Sénonais, le Gâtinais et le comté de Joigny, demeurèrent cependant encore longtemps en France, mais en Normandie et dans le Maine. Pierre de Courtenay se rappelle encore qu'étant âgé de quatorze ans et habitant le Berry, il a vu des gens d'armes marcher par ordre du roi pour assiéger le Mans. Il se rappelle que les Anglais furent battus à la bataille de Frémigny[1] et qu'ensuite eut lieu la conquête de la Normandie et le siége de Rouen, etc.

Gui l'orfévre, barbier et chirurgien à Sens, où il est né en 1414, rapporte qu'il se souvient bien depuis quatorze ans avant le traité d'Arras[2], temps où la guerre sévissait avec violence dans le royaume entre les Anglais et les Bourguignons ligués ensemble contre les Français. La ville de Sens fut alors assiégée trois fois: la première par les Anglo-Bourguignons lorsque le roi Charles VII revenait de Sancerre; la deuxième fois par les Anglais seuls après la moisson, il ne sait plus quelle année; et la troisième fois par les mêmes Anglais, en l'année du siége de Bray; alors ils étaient campés dans les prés auprès du prieuré Saint-Antoine. Mais la ville tint bon et résista ferme au profit du roi.

---

[1] C'est la bataille de Formigny, livrée aux Anglais le 15 août 1450.
[2] En 1421.

Et il ajoute ces mots caractéristiques : « Et tunc guerra permaxima vigebat et viguit per patriam et regnum Francie usque ad tractatum Atrebatensem. »

Après avoir signé le traité d'Arras, le duc de Bourgogne s'employa avec autant d'ardeur à chasser les Anglais qu'il en avait montré auparavant à s'unir à eux. Gui l'orfévre ajoute qu'il a vu le duc et la duchesse de Bourgogne passer à Sens lorsque ce prince alla à Arras pour la signature du traité de paix. Après cet événement, l'ordre se rétablit dans le royaume et l'accès des différents pays fut ouvert : on put aller de France en Flandre et réciproquement. Les marchands purent circuler en sécurité.

Toutefois il y avait encore en certaines villes, à Montargis, à Montereau et ailleurs, des capitaines anglais qui les détenaient contre le roi et qui faisaient des courses dans les campagnes, rendant prisonniers ceux qu'ils attrapaient et les rançonnant. Cet état de choses dura bien pendant trois ou quatre ans après le traité d'Arras, et jusqu'à l'expulsion des Anglais par le roi, grâce à l'aide de Jeanne la Pucelle. La paix régna depuis ce temps dans les villes et les villages, tellement que les portes des villes et des forts restaient ouvertes la nuit, et qu'on cessa de fortifier ces lieux. La sécurité fut aussi grande dans les champs que dans les villes. Et il n'y eut plus de guerre depuis ce temps dans le royaume de France, sinon celle que provoqua le duc de Bourgogne Charles, le dernier qui livra bataille au roi à Montlhéry (1465).

Comme plus lointain souvenir, Gui l'orfévre ajoute qu'il se rappelle le roi Jean[1], père de Charles VII, et qu'il l'a même vu. « En ce temps, la paix était assez bonne, » cependant il y avait, à Sens, un capitaine de Guitry, qui commandait au nom du roi, et qui y commit des dévastations sans fin, ainsi que dans les villages circonvoisins; qui fit tuer plusieurs personnes et en fit arrêter d'autres qu'il jeta en prison, chargées de liens.

Messire Jacques Chevrier, licencié en droit canon, avocat dans les deux cours de Sens, vit publier le traité d'Arras, à son de trompe, dans toutes les rues de cette ville. Il avait alors neuf ou

---

[1] C'est une erreur, il veut parler du roi Charles VI, car c'est en outre sous ce prince que le sire de Guitry fut bailli de Sens.

dix ans; c'était un matin lorsqu'il revenait de l'école. Il ne fait pas un tableau moins triste que Gui l'orfévre des suites de la guerre, qui dura plus de quarante ans et qui dévasta le pays sénonais.

« Depuis le traité d'Arras, dit-il, la guerre cessa en France et la sécurité régna. »

Cependant il était resté dans les châteaux de Montereau, de Montargis et autres lieux, quelques capitaines ennemis comme Thomas Guérard et François l'Aragonais[1], qui gardèrent ces places encore quelque temps. Le roi assiégea et prit successivement Montargis, Montereau et Melun. C'était en 1440. Puis vient la conquête de la Normandie et l'expédition d'Allemagne (1444). Depuis lors, il n'y eut plus de guerres en ce royaume, mais paix entière et sécurité dans les campagnes. Il a bien ouï dire que certains quidams appelés *les écorcheurs* et *les compagnons de la feuillée,* parcoururent la France, en pillant et volant partout sur leur passage, et que, lorsqu'ils étaient pris, ils étaient pendus. Mais il ne sait pas dans quelle contrée étaient ces brigands.

Un dernier trait peint bien l'état de ce temps. En 1436, messire Chevrier était allé à Joigny avec son père, notaire royal à Sens, pour installer un prieur au prieuré de Notre-Dame, et assister à l'élection du maître de l'hôpital. « Le chemin était sûr, dit-il, entre Sens et Joigny, et il n'y avait plus de danger de rencontrer des gendarmes ennemis, mais seulement des voleurs et des détrousseurs, comme il y en a encore à présent sur les chemins[2]. »

Je terminerai par deux mots de réflexion que font naître les faits que je viens de raconter.

Quand on parcourt les annales du XVe siècle et qu'on entre dans le détail des misères qu'eut à subir le peuple de France, on est frappé de stupeur, et l'on se demande comment il put y résister et conserver un sentiment patriotique aussi net et aussi grand.

---

[1] *Chronique de J. Chartier*, I, 235.
[2] « Nec erant nova armigerorum inimicorum, bene quidem a latronibus et predonibus, veluti sunt adhuc de presenti super itineribus. » (Enquête, ut supra.)

Le clergé et la bourgeoisie paraissent pénétrés de ce sentiment, et, chaque fois qu'une occasion se présentait de le manifester, ces corps la saisissaient avec empressement.

Les pauvres villageois, eux, sont les souffre-douleurs et sont dispersés par la tempête comme la paille qui couvre leurs demeures. Ils fuient dans les bois, meurent de misère, et le village est détruit. Il se passe ensuite bien longtemps avant que quelques rares échappés à la ruine générale reviennent au pays.

Louis XI, en détruisant la puissance des grands vassaux, en réprimant sévèrement les courses des bandes, rendit donc un éminent service à la France, puisqu'il lui donna la sécurité intérieure et la paix au pauvre peuple.

Cette figure, qui se profile tristement derrière les barreaux des fenêtres du château de Plessis-lès-Tours, semble reprocher à ce peuple d'avoir trop oublié ce qu'il avait fait pour lui. Rappelons donc encore une fois tout ce qui lui est dû.

PIÈCES JUSTIFICATIVES.

I

ENTRÉE DES ROIS DE FRANCE ET D'ANGLETERRE DANS LA VILLE DE SENS.

(An 1420.)

Compte de Guillaume Bodot, procureur et receveur des bourgeois, manans et habitans de la ville de Sens, des recettes et mises par luy faictes pour et ou nom d'iceulx bourgois et habitans, depuis le xve jour de juing, l'an 1420 inclus, que le dict Guillaume Bodot fut mis et institué oudict office, pour la première année, jusques au xxiie jour dudit moys de juing exclus, que ledict Guillaume Bodot y fut derechief mis et institué :

De Pierre Dautun, commis à recevoir certain impost et aide mis et imposé sur plusieurs bourgois et habitans de ladicte ville, oudict moys de juing, l'an dessus dict 1420, en la présence et par le commandement et ordonnance de noble homme Mgr Blanchet Braque, chevalier, bailly de Sens et d'Aucerre, pour payer les dons et présens faiz pour et ou nom de ladicte ville et desdiz bourgois et habitans, tant au Roy nostre sire et au roy d'Angleterre, comme aux roynes de France et d'Angleterre, à Mgr le duc de Bourgongne et à autres seigneurs, en leur venue et entrée faictes en ladicte ville de Sens, oudict moys de juing; et aussi pour payer la somme de cinq cens livres tournois[1] qui de par aucuns de ladicte ville fut, pour certaines causes, donnée et accordée oudict temps et promise payer à Mgr de Cornwaille, chevalier, capitaine de gens d'armes soubz ledict roy d'Angleterre, fut receu par Guillaume Bodot, procureur et receveur dessus nommé, le xxiiiie jour dudict moys de juing, 10 livres tournois.

. . . . Payé à Felisot Malement et quinze autres ouvriers de Bray, tant pour leurs journées par eulx faictes et employées le xviie jour de juing, l'an 1420, à descombrer les pons et les avenues de la porte d'Yonne de Sens, et pour ravoir remply plusieurs fosses qui faictes avoient esté près et environ les barrières et bassecours de ladicte porte, à l'occasion du siége et ost qui oudict moys fut devant ladicte ville de Sens.

(Extraits des comptes de la ville de Sens, transcrits à la suite d'une procédure de l'an 1494, relative aux dimes de Sepeaux. Archives de l'Yonne, bibliothèque de la ville de Sens, G. 114.)

II

DÉPOSITION DE PIERRE DE COURTENAY, SEIGNEUR DE LA FERTÉ-LOUPIÈRE[2].

Nobilis et honorabilis vir Petrus de Courtenay, scutifer, dominus temporalis loci de la Ferté Loupière, diocesis Senonensis, etatis 63 annorum, vel circiter, ut dicebat, testis pro parte dictorum actorum.

. . . . . . Insuper dicit et deponit quod ipse est oriundus loci de Bleneau, qui distat a loco de Septempilis octo leucis, vel circiter, filius defuncti domini Johannis de Courtenay, dum viveret militis et domini temporalis ejusdem loci de Bleneau, a quo suo patre ac aliis multis audivisse dici asserit et est communis vox talis, quod guerre que diu in hoc regno viguerunt, et potissime in patria Vastinensi et comitatu Joigniaci inicium sumpserunt et habuerunt a morte defuncti domini ducis Aureliani, qui fuit occisus Parisiis, ut dicebatur, per ducem Burgundie; sed quo anno fuit ipse defunctus occisus et quantum dicte guerre

---

[1] Plus de 20,000 francs de notre monnaie.

[2] Les documents qui vont suivre sont tirés d'une enquête sur la jouissance des dîmes de la paroisse de Sepeaux, dressée, à la requête des chapelains de Saint-Thomas de Sens, contre le curé de ce village, en 1494.

duraverunt nescit pro veritate; verumtamen a multis audivit quod duraverunt per quinquaginta annos et amplius. Et hujus rei habet ipse testis magnam apparenciam, quia dicta villa de Feritate, occasione dictarum guerrarum fuit omnino deserta et depopulata per quadraginta annos et amplius, et similiter fuerunt desolata et depopulata occasione dictarum guerrarum plura villagia circumvicina, videlicet loca de Sepeaulx, de Precy, de Chevillon, de Sainct-Quaise et multa alia, et quasi tota patria Vastini et comitatus Joigniaci, de quibus saltem de aliquibus habuit noticiam certam idem testis, circa mortem defuncti domini nostri regis Karoli septimi, qui obiit apud Magdunum anno sexagesimo primo, quo tempore primo venit idem testis in ipsum locum de Bleneau, quia ibidem suus pater obierat, et, prout tunc vidit, patria erat desolata et in dicto loco de Feritate tunc non erant nisi octo mesnagia vel circiter.....

Dicit preterea quod, circa annum sexagesimum septimum, reliquit idem testis exercitum guerre et venit moraturus apud dictam Feritatem, et nulli adhuc erant incole in locis Sancti-Romani, Summecase, Chevillon..... sed quoad ipsum locum de Septempilis jam in illo erant habitantes, sed quo numero non recolit testis ipse; scit tamen et meminit quod tunc in cura ipsius loci erat curatus unus cujus nomen nescit; recordari se dicens, quoad finem guerrarum, quod ipso existente in etate decem annorum vel circiter, quo tempore morabatur apud Bleneau nondum erat securitas in locis campestribus, neque pax quieta, quia habitantes et homines dicti loci de Bleneau erant adhuc retracti in castro dicti loci, et in villa nulli erant manentes preter multores; nec audebant agricole secure exire ad agriculturam, sed pro securitate eorum semper erat in loco eminentiori castri homo vigilans in excubias gallice *la guette*, propter gentes armorum; qui homo, dum aliquos armigeros videbat, pulsabat et agricole illico in nemora se retrahebant velin alia loca, quia dum inveniebantur agricole per gentes armorum capiebantur et ponebantur ad rancionem. Et vocabant hii qui hoc faciebant vulgariter *les Rottiers*, aut *Armaignaes*. Sed si hoc esset ante congressum seu viagium in Alamaniam vel post, ignorat ipse deponens. Dicit tamen quod, dum jam esset etatis provecte et homo armorum sub capitaneo Floquet, audivit ab eo quod ad purgandum regnum dictis depredatoribus et malis hominibus vocatis *les Rottiers*, ipse, cum aliis capitaneis dicti domini nostri regis Karoli septimi, duxerat illos in Alamaniam et ad obsidionem de Nancy, postquam fuerant in regno Francie facte ordinaciones certi numeri gentium armorum domini nostri regis, et reliqui cassati et remissi a milicia.

..... Post concordiam factam inter dictum Karolum regem et ducem Burgundie, remanserunt adhuc Anglici per longum tempus in regno Francie, non tamen in patria Senonensi aut Vastinensi seu comitatu Joigniaci, vel circumvicinis, sed in partibus Normanie et Cenomanensis, quia ipse testis existens in etate quatuordecim annorum, vel circiter, in patria Biturie vidit gentes armorum euntes pro domino nostro rege ad obsidionem civitatis Cenomanensis. Et recordatur quod circa annum jubileum, quo anno fuit non recordatur, fuit bellum de Fremigny contra Anglicos, in patria Normanie, in quo Anglici succubuerunt et exinde conquesta seu recuperacio patrie Normanie secuta est; et fuit obsidio posita ante et contra civitatem Rothomagensem. Preterea dicit idem testis quod audivit loqui de tractatu Attrebatensi qui factus fuit inter Karolum septimum et ducem Burgundie Philippum, sed de ipso tractatu alias loqui nesciret, quia non commendavit memorie. Et bene scit quod exinde nulle fiunt guerre inter Francigenas et Burgundios circiter civitatem Senonensem et comitatum Joigniaci, quas viderit, sed, prout supra dixit, remanserant Anglici in partibus Normanie et Cenomanensis, necnon et in ducatu Acquitanie.

(Archives de l'Yonne, bibl. de Sens, G. 115. Enquête de 1494, fol. 45 v°.)

III

DÉPOSITION D'ÉTIENNE MACQUIGNE, CHANOINE DE L'ÉGLISE DE SENS.

Venerabilis et discretus vir dominus Stephanus Macquigne, presbyter, canonicus venerabilis ecclesie Senonensis, etatis sexaginta octo annis testis......

Dicit et deponit quod recordatur de reditu Alamanie, qui fuit sunt quadraginta quatuor anni, vel circiter, et tunc jamque morabatur Senonis idem testis, usque ad quem reditum currebant per regnum Francie, maxime per patriam Vastinensem, nonnulle gentes armorum qui quoscumque inventos spoliabant et depredabant, animalia et bona capientes. Adeo quod non erat securitas per itinera et loca campestria. Dicens quod cum defunctus bone memorie dominus Ludovicus, tunc archiepiscopus Senonensis, rediret a commeatione quam usque ultra Trecas fecerat defuncto domino Carolo septimo, Francorum regi, accedenti cum defuncto domino Ludovico, tunc Dalphino Viane, apud Trietrio in aditu Alamanie, per Anthonium de Veres et suas gentes fuit circiter pontem de Bruyant, juxta Senonis, apprehensus cum suis familiaribus, ac spoliatus et depredatus suis equis et bonis que gerebant secum, adeoque Senonis spoliati et pedestres redierunt; dictique armigeri dictos equos et bona transduxerunt et transportaverunt apud Villam-Novam-Archiepiscopi, ubi hospitabantur. Verumptamen medio Jaspardi Bureau, magistri artilliarie domini nostri regis, tunc existente Senonis, qui pro eodem domino archiepiscopo transmisit penes dictos armigeros ac rescripsit apud dictam Villam-Novam, fuerunt eidem domino archiepiscopo dicti equi cum bonis suis remissi et restituti. Et dicti armigeri sic discurrentes vocabantur *les Escorcheurs*..... Meminit quod ad visitandam ecclesiam parochialem de dictis Septempilis vicarius (archidiaconi) et testis ad locum accesserunt quem invenerunt totaliter desolatum et derelictum, ac ecclesiam undique spinis, dumis ac arboribus circumdatam; nec potuerunt ipsam ecclesiam intrare quia nullum invenerunt ibidem demorantem....... Dictus deponens dicit et deponit se recordari quod post tractatum Attrebatensem, prout vidit et novit, non fuit pax plena et perfecta in regno, nam in illo remanserant Anglici in pluribus locis, ut puta apud Musterolum, pro quibus expellendis fuit villa de Musterolo per dominum Francorum regem obsessa, et fugerunt Anglici apud Meldum, unde deinde, composicione mediante, exierunt. Post etiam dictum tractatum Attrebatensem et ante dictam obsidionem de Musterolo, Anglici acceperunt villam Pruvinensem quam per annum tenuerunt; quo anno durante cucurrerunt usque ad Brayum super Secanam, et illam insultaverunt. Et post reductionem Musteroli erant adhuc Anglici apud Meduntam, quorum septem cucurrerunt usque versus Senonis. Et de nocte inter civitatem Senonensem et villam predictam de Brayo, acceperunt dictum dominum Ludovicum, archiepiscopum Senonensem, et illum usque ad Stampas transduxerunt captivum; nec tempore illo erat securus aditus super campos de loco ad locum, propter armigeros et predones discurrentes.

(Archives de l'Yonne, bibl. de Sens, G. 115. Enquête de 1494, fol. 60 v°.)

IV

DÉPOSITION DE GUILLAUME JOUSSELIN, LABOUREUR A LA FERTÉ-LOUPIÈRE.

Honestus vir Guillermus Jousselin, agricola, commorans in parrochia de Feritate Lupatoria et ejusdem oriundus, dicens se esse etatis nonaginta annorum, et quod dum defunctus dux Aurelianensis fuit Parisius interfectus[1], ipse erat etatis sex annorum vel circiter..... Dicit se recordari quod a tempore quo incepit habere noticiam jam erant guerre in hoc regno, in partibus Vastini ac comitatu Joigniaci, in quo situatur locus predictus de Septempilis, distans a loco de Feritate una leuca. Et

[1] En 1407.

tempore predicto erant jam in regno Francie Anglici, Burgundi, ac armigeri discurrentes undequaque et patriam devastantes; nescit tamen si tunc erant incole demorantes apud Septempilos, quia nundum fuerat in ipso loco; se scire dicens quod, occasione dictarum guerrarum et longa duracione earum, tota patria Vastini et comitatus Joigniaci fuerunt deputati (sic) et destructi per loca campestria, et in eis venerunt nemora, adeo quod ipsis guerris durantibus nullus inveniebatur in villagiis qui inibi maneret, aut terras excoleret, sed omnes erant retracti in villas muratas et fortalicia, nec erat tutus accessus de uno loco ad alium. Dicit tamen quod defunctus ejusdem testis pater, ipsis guerris durantibus, se tenuit per multum tempus et ipse testis cum eo et sua familia in nemoribus et locis occultis, non longe a loco predicto de Feritate, viventes ex animalibus silvestribus que capiebant et apud Joigniacum vendebant; interdumque se retrahebant apud Joigniacum. Dicit insuper ipse loquens quod bene recordatur audivisse, a tempore juventutis sue, loqui de morte defuncti ducis Aurelianensis, et quia idem dux Aurelianensis ob hoc procuravit necem dicti ducis Burgundie, hoc ad noticiam ejusdem ducis Burgundie pervento fecit interfici ducem Aurelianensem Parisius. Et se retraxit idem dux in suum ducatum Burgundie. Quare dux Britanie et comes Arnmaignaci insurrexerunt contra ducem Burgundie, qui Anglos venire fecit in Franciam, quibus mediantibus insurrexit magna guerra; et fuit dictus dux Burgundie mandatus apud Musterolum, ubi fuit interfectus. Dicens quod, prout sibi videtur, tunc guerra non erat multum aspera, sed post occisionem ipsius ducis Burgundie, aspera et dura venit. Inter quos obitus dictorum ducum fuerunt tres aut quatuor anni, alias precise non meminit, nec pro certo scit quanto tempore ipse guerre duraverunt. Sed bene recordatur de tempore quo pax facta fuit inter dominum Karolum regem septimum et ducem Burgundie. Sed quot anni fluxerunt ab eo tempore non meminit ipse deponens. Poterat tamen, ut dicit, esse etatis viginti annorum. Se bene scire nichilominus dicens quod, propter hujusmodi concordiam seu pacem, non fuit adhuc pax totalis in regno, neque securitas in locis campestribus, quia in eodem regno remanserant Anglici, quorum quidam erant in castro de Musterolo, tempore cujus obsidionis erat ipse loquens apud Musterolum. Etiam in eodem regno et patria, post dictam pacem, plures gentes armorum erant campos tenentes, qui dicebantur *les Rottiers* et *les Escorcheurs*, et patriam discurrebant etiam in Vastini patria et comitatus Joigniaci, metu quorum nullus secure morari et laborare audebat in villagiis et locis campestribus, licet tamen multi in villagiis morarentur. Sed quando dicti armigeri discurrebant, ipsi incole confugiebant ad fortia loca, et ibi sua blada tenebant. Et credit quod tempore congressus seu aditus in Alhmaniam nulli erant incole in loco de Septempilis. Et si qui essent illi erant pauci propter ipsos discurrentes........

Dicens idem testis quod super primo dictis guerris durantibus, villa de Joigniaco tenuit partem Burgundie usque ad sacrarium Karoli septimi, Francorum regis, et erat comes Joigniaci in Burgundia cum duce; civitas tamen Senonensis semper tenuit partem regis. Insuper dicit idem testis quod, occasione supradictarum guerrarum, locus de Septempilis et omnia villagia circumvicina fuerunt omnino desolata et sine populo relicta, quamdiu ipse guerre duraverunt, et in illis venerunt nemora et dumi per defectum culture, prout a defuncto J. Jousselin, qui dicebat vidisse dictam villam de Feritate Lupatoria a tempore quo fuerat destructa per Anglicos, ac locum de Septempilis et loca circumvicina in natura. Ab eo tamen aut alio non audivit quanti essent incole, et quot terre arabiles in parrochia de Septempilis essent; sed post guerras finitas circiter aditum in Alamaniam et reditum ejusdem, bene recordatur quod in ipsum locum venerant ad commorandum Johannes de Bourron, dominus loci, qui tempore guerrarum se tenebat in castro de Cesiaco, et alia tria aut quatuor mesnagia, videlicet Guillermus Bertin; Johannes Doart, et quidam vocatus Chattey. Et paulo post vidit ipse deponens quemdam dominum Gilbertum Dardeine, qui se dicebat curatum ecclesie dicti loci de Septempilis, ibidemque morabatur. Et erant tunc decime et redditus dicti loci modici valoris, quia inibi erant habitantes pauperes et pauci numero, nec sufficere poterant ad victum dicti curati. Et duravit ipse locus in paupertate donec dictus de Bourron vendidit dictam terram de Septempilis Johanni de Suryonne, qui, postquam ejus dominus fuit, adduxit homines de Burgundia et incepit locus forcius nemoribus extirpari..... Asserit quod post exitum dictarum guerrarum habuit ipse loquens bonam noticiam territorii de Septempilis. Viditque plures terras in quibus erant nemora extirpari, prout dietim extirpantur. Que, ut videtur ipsi deponenti, ante tempora ipsarum guerrarum, erant terre arabiles quia in illis vidit sulcos et reagia et apparencias culture, excepta silva. In ipso tamen loco vidit plures veteres domos et antiquas plateas ororum, etc.

(Archives de l'Yonne, bibl. de Sens, G. 1151 Enquête de 1494, fol. 50 r°.)

IMPRIMERIE IMPÉRIALE. — 1866.

www.ingramcontent.com/pod-product-compliance
Lightning Source LLC
Chambersburg PA
CBHW071417060426
42450CB00009BA/1924